全国中等职业技术学校饭店服务专业

饭店服务礼仪习题册

——与《饭店服务礼仪（第三版）》配套

中国劳动社会保障出版社

简介

本习题册与全国中等职业技术学校饭店服务专业教材《饭店服务礼仪（第三版）》配套使用。习题册按教材章的顺序编写，包括名词解释、填空题、选择题、判断题、简答题、案例题等，题型丰富、难易适中，供学生课后练习使用。

本习题册由王明强主编，刘晓芬、李涛、雷静参与编写。

图书在版编目（CIP）数据

饭店服务礼仪习题册/王明强主编. —北京：中国劳动社会保障出版社，2016

全国中等职业技术学校饭店服务专业

ISBN 978-7-5167-2691-4

Ⅰ.①饭…　Ⅱ.①王…　Ⅲ.①饭店-商业服务-礼仪-中等专业学校-习题集　Ⅳ.①F719.2-44

中国版本图书馆 CIP 数据核字（2016）第 179525 号

中国劳动社会保障出版社出版发行

（北京市惠新东街 1 号　邮政编码：100029）

*

三河市华骏印务包装有限公司印刷装订　　新华书店经销

787 毫米×1092 毫米　16 开本　3 印张　70 千字

2016 年 7 月第 1 版　　2024 年 5 月第 10 次印刷

定价：6.00 元

营销中心电话：400-606-6496

出版社网址：http://www.class.com.cn

http://jg.class.com.cn

目　录

第一章　礼仪概述

一、名词解释

1. 礼节

2. 礼仪

3. 饭店服务礼仪

二、填空题

1. 饭店服务人员既要精通服务技能，又要懂得服务的________。

2. 构成礼仪的三大要素是______、____________、____________。

3. 礼貌可分为两个部分，即____________和____________。

4. 礼节是______的具体表现形式。

5. 仪式指在指定场合举行的具有____________、____________的活动。

6. 鸣炮礼起源于________，在迎宾仪式中，最高规格为____响。

7. 饭店服务礼仪具有________、________、________、________的特点。

8. 礼仪中的自律原则最重要的是自我______、自我______、自我______。

9. 礼仪修养的关键在于______，见诸于____。

10. 在服务工作中，服务人员要尊重不同国家和地区的文化、民俗和宗教信仰，要体现出______、______、________的服务仪态和举止。

11. 守礼法、尊礼义、__________和__________已成为人们的一种自觉意识，贯串于社会活动的各个方面，成为中华民族的文化特征。

12. 在礼学体系中，礼仪是有形的，其基本形式受物质水平、文化心态、____________和____________等众多因素的影响。

13. 举止大方、温文尔雅、彬彬有礼的风度是以良好的__________________为基础的。

14. 在各种场合中，学生应时时处处自觉地从大处着眼、小处着手，以____________来规范自己的言谈举止。

15. 在饭店硬件设施相同的情况下，影响优质旅游服务的主要因素有________和________、________。

三、选择题

1. 下列选项中，（　　）为礼仪的完整范畴。

A. 礼貌、礼节　　B. 礼貌、礼节、仪式

C. 礼节、仪式　　D. 礼貌、仪式

2. 礼貌可分为两个部分，即礼貌语言和（　　）。

A. 礼貌行为　　B. 礼貌致意　　C. 礼貌态度　　D. 礼貌问候

3. 欧美国家的拥抱礼，属于一种（　　）。

A. 礼貌动作　　B. 欢迎仪式　　C. 礼节形式　　D. 礼仪程式

4. “己所不欲，勿施于人”指应用礼仪要遵循（　　）的原则。

A. 遵守　　B. 宽容　　C. 适度　　D. 自律

5. 西方礼仪形成于 17 至 18 世纪的（　　）。

A. 德国　　B. 英国　　C. 法国　　D. 意大利

6. 泱泱中国早就是（　　）。

A. 礼仪之邦　　B. 和谐之邦　　C. 民主之邦　　D. 科学之邦

7. 礼仪是城市的（　　）。

A. 名片　　B. 灵魂　　C. 实力　　D. 核心

8. 学习礼仪，应该从每个（　　）做起。

A. 环境　　B. 细节　　C. 硬件　　D. 表面

9. 饭店形象包括经营理念、品牌形象和（　　）等综合在一起的整体形象。

A. 社会形象　　B. 企业文化　　C. 员工形象　　D. 管理制度

四、判断题

1. 欧洲古谚“在罗马行如罗马人”指的是运用礼仪的平等原则。（　　）
2. 中国于 1984 年 2 月恢复在迎送仪式中使用鸣炮礼。（　　）
3. 大厦落成剪彩属于一种仪式。（　　）
4. 东方礼仪活动中，很重视“简单实用”的交往原则。（　　）
5. 与西方人交往，尤其要尊重他们的隐私权。（　　）
6. 古语“人至察则无徒”讲的是与人相处，要有宽容的态度，不要过于苛求。（　　）
7. 从俗原则是礼仪的核心点。（　　）
8. 西方礼仪萌芽于古希腊。（　　）
9. 饭店服务礼仪在饭店服务工作中要一成不变地运用。（　　）
10. 客人永远是对的，意味着服务人员永远是错的。（　　）
11. 礼仪是反映一定社会道德观念的约定俗成的交际行为准则。（　　）
12. 礼仪是一种通行的、人人必须做到的法律法规。（　　）
13. 世界上自从有了人类，就产生了礼仪。（　　）

14. 礼仪甚至可以推动整个国家的改革，改变国家的面貌。（　　）
15. 礼仪仅仅是我们的个人行为。（　　）
16. 礼仪与道德文化是相辅相成、互相补充的。（　　）
17. 礼仪素质的养成仅仅是一个自我认识的过程。（　　）
18. 语言、行为表情、服饰器物是构成礼仪最基本的三大要素。（　　）
19. 东、西方礼仪是两种不同的礼仪形式，不能交流、融合。（　　）
20. 待人以诚、言行一致、表里如一都是礼仪最基本的原则。（　　）

五、简答题

1. 东、西方礼仪各具有什么特点？

2. 什么是饭店服务礼仪？饭店服务礼仪的要求有哪些？

3. 饭店服务人员注重服务礼仪有哪些作用？

4. 怎样理解“以客人为中心”的服务理念？

5. 饭店服务人员为何要讲究礼貌服务？

6. 为什么说“客人永远是对的”？

7. 为什么说饭店服务礼仪能塑造饭店形象，提高经济效益？

8. 为什么说讲究饭店服务礼仪能更好地表现服务人员的素质？

9. 为什么说讲究饭店服务礼仪能提高服务质量、增强饭店竞争力？

10．在工作中，饭店服务人员应怎样运用服务礼仪？

六、案例题

1．一位中国游客去巴黎的一家餐厅用餐，却看见餐厅的墙壁上贴了用中文写的一句话“请勿大声喧哗”。

问题：你对此有何感想？

2．一天，林肯总统与一位南方的绅士乘坐马车外出，途遇一老年黑人深深地向他鞠躬。林肯点头微笑并也摘帽还礼。同行的绅士问道：“为什么你要向黑人摘帽?”林肯回答说：“因为我不愿意在礼貌上不如任何人。”可见，林肯深受美国人民的热爱是有其原因的。1982年美国举行民意测验，要求人们在美国历届的40位总统中挑选一位“最佳总统”时，名列前茅的就是林肯。

问题：林肯向老年黑人脱帽致礼说明了什么？

3．8月8日是北方某市新建的云海饭店隆重开业的日子。

这一天，饭店上空彩球高悬，四周彩旗飘扬，身着鲜艳旗袍的礼仪小姐站立在店门两侧，她们的身后是摆放整齐的鲜花、花篮，所有员工服饰一新、精神焕发，整个酒店沉浸在喜庆的气氛中。

开业典礼在店前广场举行。

上午11时许，应邀前来参加典礼的有关领导、各界友人、新闻记者陆续到齐。正在举行剪彩之际，突然下起了倾盆大雨，典礼只好移至饭店大厅内，一时间，大厅内聚满了参加典礼人员和避雨的行人。典礼仪式在音乐和雨声中隆重举行，整个大厅内灯光齐亮，使得庆典别具一番特色。

典礼完毕，雨仍在下着，大厅内避雨的行人短时间内根本无法离去，许多人焦急地盯着厅外。于是，饭店经理当众宣布："今天能聚集到我们饭店的都是我们的嘉宾，这是天意，希望大家能同敝店共享今天的喜庆，我代表饭店真诚邀请诸位到餐厅共进午餐，当然一切全部免费。"霎时间，大厅内响起雷鸣般的掌声。

虽然，云海饭店开业额外多花了一笔午餐费，但饭店的名字在新闻媒体及众多顾客的宣传下却迅速传播开来，接下来饭店的生意格外红火。

问题：你认为云海饭店的做法是否正确？谈谈你的看法。

第二章　饭店服务人员仪容服饰礼仪

一、名词解释

1. 仪表仪容

2. 服饰礼仪

二、填空题

1. 仪表包括人的__________、__________、____________和_________。
2. 仪容修饰的重点是________和________。
3. 良好的仪容仪表可满足客人视觉美的需要，以及__________的心理。
4. 化妆的原则是______、______和______。
5. 工作服可起到________和________的作用。
6. 女服务员选择发饰应强调______性。
7. 衬衫与西服套裙相配时，要做到____________或者____________。
8. 佩戴饰物的规范是____________、____________、____________和____________。

三、选择题

1. 饭店员工头发保洁要做到（　　）。
   A. 每周2～3次　B. 每周1次　C. 每天1次　D. 每月2次
2. 化妆画眼线时，要做到（　　）。
   A. 一样粗细　B. 一样浓淡
   C. 先细后粗、先淡后浓　D. 先粗后细、先浓后淡
3. 领带夹一般夹在衬衣的第（　　）粒纽扣之间。
   A. 1～2　B. 2～3　C. 3～4　D. 4～5
4. 套裙的裙长最长可以（　　）。
   A. 到小腿中部　B. 到膝盖以上　C. 到膝盖处　D. 遮住整个小腿
5. 已婚者戒指戴在（　　）上。
   A. 食指　B. 中指　C. 无名指　D. 小指

6. 在正式场合，女士不可穿（　　）。

A. 旗袍　　B. 中式上衣配长裙或长裤

C. 超短裙　　D. 西式套裙或连衣裙

7. 穿着西装时，纽扣扣法有讲究。穿（　　）西装，不论在什么场合，都要扣上全部扣子。

A. 两粒扣　　B. 三粒扣　　C. 单排扣　　D. 双排扣

8. 穿西服时，最正式的衬衫颜色是（　　）。

A. 蓝色　　B. 白色　　C. 灰色　　D. 咖啡色

9. 佩戴领带时，领带下端应（　　）。

A. 与西装上装衣长相当　　B. 在皮带上下缘之间

C. 越长越好　　D. 比皮带下缘略长一点

10. 穿着旗袍或裙裤，长度应在（　　）处。

A. 膝盖　　B. 膝盖以上　　C. 小腿　　D. 大腿

11. 下列服饰中，（　　）是标准职业女装。

A. 吊带衫　　B. 印有卡通图案的汗衫

C. 挂满亮片、串珠、水钻的衣服　　D. 西服套裙

12. 职业女装的颜色应以（　　）为主。

A. 深色　　B. 艳丽的颜色

C. 活泼跳跃的颜色　　D. 浅色

13. 据专家分析，在事物给人的印象中，视觉印象大约占（　　）。

A. 75％　　B. 50％　　C. 45％　　D. 20％

14. 饭店女服务员应提倡剪短发，发长不过（　　），刘海不过低，不留鬓角，不遮眼睛。

A. 耳　　B. 颈　　C. 背　　D. 肩

四、判断题

1. 服务人员可留比较前卫的发型，以引起宾客的注意。（　　）

2. 服务人员上班前，不能吃能产生异味的食物。（　　）

3. 服务人员工作时，最好不使用香水。（　　）

4. 服务人员化妆越浓越好。（　　）

5. 制服又称为岗位识别服。（　　）

6. 工号牌应佩戴在左胸上方。（　　）

7. 中餐厅制服多为黑色西服。（　　）

8. 西服衬衣袖子应比西服袖子长 1～2 厘米。（　　）

9. 女服务人员着裙装，可与旅游鞋搭配，以方便工作。（　　）

10. 男服务人员可以佩戴小型的耳钉。（　　）

11. 服务人员同样一套衣服可以反复连穿数日，也可以用同样的装束参加几个重要活动，见同一个宾客，直到脏了才需要更换。（　　）

12. 为了保持形象，女士可以不时在人面前梳头发、照镜子，男士则不可以照镜子、刮

胡子等。 (　　)

13. 男士不提倡留长发、卷发，或者剃光头。 (　　)

14. 职业服装意在约束职员行为，配合专业工作，完成角色转换。 (　　)

15. 男服务人员正式场合穿西服时，应穿黑色皮鞋和深色袜子，不能穿着其他色调鞋袜。 (　　)

16. 化妆既可在家中进行，也可在公共场合当众进行。 (　　)

17. 为了显示高贵，佩戴金银珠宝应该越多越好。 (　　)

18. 事实上，修饰与维护，对于仪容的优劣而言往往起着一定的作用。 (　　)

19. 穿西装时一定要加穿背心。 (　　)

20. 穿两粒扣的西装时，一般只扣下面一粒扣。 (　　)

五、简答题

1. 为什么饭店服务人员尤其要讲究仪容仪表？

2. 饭店服务人员佩戴饰品时，应注意哪些规范？

3. 饭店服务人员穿着制服有哪些注意事项？

4. 饭店服务人员的仪容仪表有哪些要求？

5. 饭店服务人员要注意哪些口腔卫生？

6. 饭店服务人员要怎样保持身体卫生？

7. 饭店服务人员穿着制服有哪些作用？

8. 西服系扣有哪些要求?

9. 男服务人员进行面部修饰时应注意哪些方面?

六、案例题

1. 吴菲是某高校文秘专业学生，毕业后在一家公司做文员。为适应工作需要，上班时，她化起了整洁、漂亮、端庄的“白领丽人妆”：不脱色粉底液，修饰自然、稍带棱角的眉毛，与服装色系搭配的灰度高偏浅色的眼影，紧贴上睫毛根部描画的灰棕色眼线，黑色自然型睫毛，再加上自然的唇型和略显浓艳的唇色，虽化了妆，却好似没有化妆，整个妆容清爽自然，尽显自信、成熟、干练的气质。但在公休日，她又给自己来了一个大变脸，化起了久违的“清纯少女妆”：粉蓝或粉绿、粉红、粉黄、粉白等颜色的眼影，彩色系列的睫毛膏和眼线，粉红或粉橘的腮红，自然系的唇彩或唇油，看上去娇嫩欲滴、鲜亮淡雅，整个身心都倍感轻松。

心情好，自然工作效率就高。工作一年来，吴菲以自己得体的外在形象、勤奋的工作态度和骄人的业绩，赢得了公司同仁的好评。

问题：你如何评价吴菲的两种妆容？你对“化妆不只是技术，还是一门艺术、一种生活”这句话是如何理解的?

2. 郑伟是一家大型国有企业的总经理。有一次，他获悉有一家著名的德国企业的董事长正在本市进行访问，并有寻求合作伙伴的意向。他于是想尽办法，请有关部门为双方牵线搭桥。让郑总经理欣喜若狂的是，对方也有兴趣同他的企业进行合作，而且希望尽快与他见面。到了双方会面的那一天，郑总经理对自己的形象刻意地进行了一番修饰，他根据自己对时尚的理解，上穿夹克衫，下穿牛仔裤，头戴棒球帽，足蹬旅游鞋。无疑，他希望自己能给对方留下精明强干、时尚新潮的印象。

然而事与愿违，郑总经理自我感觉良好的这一身时髦的“行头”，却偏偏坏了他的大事。

问题：郑总经理的错误在哪里？他的德国同行对此有何评价？

第三章　饭店服务人员言谈举止礼仪

一、名词解释

1. 服务忌语

2. 仪态举止

二、填空题

1. 礼貌的语言和优雅的举止会给宾客带来美好的__________感受。

2. 礼貌用语主要是指在饭店服务过程中表示服务人员自谦恭敬之意的一些__________的语言及其特定的表达形式。

3. 在饭店服务过程中，使用礼貌用语，应当成为服务人员主动而自觉的行动。只有这样，饭店服务人员在使用礼貌用语时方能做到口到、心到、__________。

4. 要使宾客感到满意和高兴，在使用礼貌用语时，还必须察言观色，随时注意__________。

5. 征询语适用于服务过程之中，服务人员以礼貌的语言主动向宾客进行__________时。

6. 仪态举止是一种无声的肢体语言，反映了服务人员当时的服务心理状态和__________。

7. 站立姿势又称站姿或立姿。站姿是服务人员全部仪态的根本之点，采用正确的站立姿势服务又是饭店服务人员的__________之一。

8. 饭店服务人员在服务工作中，如果站姿不正确就显得姿态不雅，对宾客也是一种__________。

9. 服务人员在站立时，是允许略作体位变动的，但不宜在站立时__________变动体位。

10. 女服务人员穿半高跟鞋走路时要直膝立腰，收腹收臀，挺胸稍抬头，步幅要小，脚跟先着地，两脚落地时脚跟要__________。

11. 正确的坐姿要求服务人员必须做到：入座轻稳莫含胸，腿脚姿势须庄重；双手摆放要自然，安详庄重__________。

12，离座顺序因场合而异。如果身份不同，一般是宾客先行离座；如果是地位不同，要__________；地位相同时，可以同时离座。

13. 服务人员在展示物品时，应使物品在身体的一侧展示，不宜挡住__________。

14. 弯腰撅臀这种姿势对其后面的人来说是一种__________、__________的行为，尤其女服务人员穿裙装时不可采用此种蹲姿。

15. 服务人员为宾客指引方向后，手臂不可马上放下，要保持手势顺势送出几步，体现对宾客的__________和__________。

三、选择题

1. 问候客人时，如果宾客不是一人，则服务人员可采取（　　）的原则进行问候。

A. “统一问候”“由尊而卑”和“由远而近”

B. “个别问候”“由尊而卑”和“由远而近”

C. “统一问候”“由尊而卑”和“由近而远”

D. “统一问候”“由卑而尊”和“由近而远”

2. 扇形站姿动作要领是：两手自然下垂，两手交叉于腹前，两脚跟靠拢，脚尖分开成（　　），身体重心在两脚上。

A. 10～20°　　B. 20～30°　　C. 45～60°　　D. 60～70°

3. 服务人员离座时，要从（　　）离开。

A. 右侧　　B. 左侧　　C. 前侧　　D. 后侧

4. 服务人员走姿要求步速均匀，每分钟走（　　）步是比较正常的。

A. 60～100　　B. 100～150　　C. 150～200　　D. 30～60

5. 鼓掌的礼仪要求时间长短要相宜，（　　）秒钟为礼节性鼓掌。

A. 1～3　　B. 5～8　　C. 10～15　　D. 15～20

6. 服务人员因为工作需要，对宾客身体的某一部分应多加注视。例如，在递接物品时，应注视对方（　　）。

A. 眼部　　B. 眼鼻三角区　　C. 手部　　D. 脚部

7. 标准式坐姿动作要领是：在垂直式坐姿的基础之上，女子两脚保持小丁字步，男子两脚自然分开成（　　）夹角。

A. 45°　　B. 40°　　C. 35°　　D. 30°

四、判断题

1. 礼貌的语言和优雅的举止会给宾客带来美好的心理感受。（　　）

2. 饭店服务人员在工作中，用词要正确，尽量避免使用口语化的语言，有时可以使用方言。（　　）

3. 饭店服务人员在运用礼貌用语时，还需力求做到亲切而自然。那些没有情感的服务语言，会让宾客觉得是例行公事、虚情假意，也就无法产生心理的共鸣。（　　）

4. 服务人员和宾客交流时，使用赞赏用语应多多益善。（　　）

5. 在任何情况下，都绝对不允许服务人员对服务对象采用不够友善、甚至满怀敌意的语言。（　　）

6. 穿旗袍讲究亭亭玉立，曲线之美，走路时两脚和两手的幅度要大，髋部可随着脚步和身体重心的转移稍向左右摆动。（　　）

7. 在服务工作中，服务人员不管是需要理解，还是寻求帮助，都要诚恳地使用请托用语。 （　）

8. 正确的坐姿要求是：躯干挺拔直立，腰部内收，只坐椅子的1/2～2/3，不能坐满椅子或只坐椅子的一边。 （　）

9. 分膝式坐姿适用性别是女性。 （　）

10. 使用服务忌语的最大恶果，在于它往往出口伤人。这种伤害是相互的，在伤害了宾客的同时，也对服务人员自身形象和饭店形象造成伤害。 （　）

五、简答题

1. 服务人员正确的坐姿是怎样的？

2. 服务人员穿不同的服饰行走有哪些注意事项？

3. 饭店服务的“五声”是指什么？

4. 服务人员在服务过程中，是否应坚持使用雅语？请举例说明。

5. 服务人员说话时应注意什么？

6. 服务人员使用问候语时有哪些注意事项？

7. 服务人员使用推托语时有哪些注意事项？

8. 服务人员正确的站姿是怎样的？

9. 服务人员要做到行姿正确，需要掌握哪些基本要点？

六、案例题

1. 一位斯里兰卡宾客来到南京某饭店下榻，前厅服务人员为其办理住店手续。由于确认宾客身份、核对证件耽搁了一些时间，宾客有些不耐烦。于是服务人员便用中文向宾客的陪同人员进行解释。言语中他随口以“老外”二字称呼宾客，可巧这位陪同人员正是宾客的妻子，结果引起宾客极大的不满。事后，服务人员虽然向宾客表示了歉意，但是宾客仍表示不予谅解，给饭店声誉带来了消极的影响。

问题：你如何看待这种因为服务人员的随意性导致宾客不满的错误。

2. 一天早晨，导游人员小王精神饱满地奔赴酒店，准备当天的旅游接待工作。小王笑容可掬地站在车门旁边迎候游客们上车，接着他按惯例开始清点人数。“1、2、3、4……”小王轻轻地念着，同时用手指点数游客。游客很准时，没有迟到的。在旅游过程中，尽管小王的导游知识很丰富，服务也很周到，但是他发现游客们还是有点不对劲。小王百思不得其解。随后，小王向经验丰富的导游人员进行请教，才茅塞顿开。

问题：小王的做法错在哪里？应如何改正？

第四章　饭店服务人员人际交往礼仪

一、名词解释

1. 肢体语言

2. 电信礼仪

3. 界域语

二、填空题

1. 在饭店中，服务即交往，交往即＿＿＿＿＿＿。

2. 一句恰如其分的称呼，会拉近宾主之间的＿＿＿＿＿＿和＿＿＿＿＿＿。

3. 在社交场合，自我介绍主要讲清楚自己的＿＿＿＿＿＿、身份、＿＿＿＿＿＿。

4. 点头礼又称＿＿＿＿＿＿。

5. 鞠躬施礼对象和场合的不同决定了鞠躬的角度。一般来说迎宾为 15°，送客为＿＿＿＿＿＿，表示感谢为＿＿＿＿＿＿。

6. 递送名片时应面带微笑，注视对方，将名片正对着对方，用双手的＿＿＿＿和＿＿＿＿分别持握名片的两角送给对方。

7. 乘电梯时，进入时要讲究先来后到，出来时要＿＿＿＿＿＿依次而出，不能推推搡搡，匆忙出入。

8. 当电梯内人员较多时，服务人员要尽量朝向电梯＿＿＿＿＿＿方向站立，不与他人面对面而立。

9. 不要在电梯内＿＿＿＿＿＿宾客，尽量侧身面对宾客。

10. 电话铃响＿＿＿＿＿声内必须接听电话，微笑问好，并自报家门。

11. 不要在握手时戴着手套或墨镜，只有女士才能在社交场合戴着薄纱手套握手。男士握手时应＿＿＿＿＿＿。

12. 点头致意是指，见面时稍微向下点一下头向对方＿＿＿＿＿＿。

13. 在工作岗位上给服务对象打电话，一定要事先准备好通话内容。这样，既不会遗漏要点，又可以______________。

14. 在工作中，服务人员应尽可能地替上级着想，为领导分忧。要敢于吃苦，乐于挑重担，不仅要做好分内的工作，还要积极承担______________。

15. ______________是人际交往中传递信息的重要手段。它是一个服务人员的知识、阅历、智慧与教养的真实体现。

三、选择题

1. 在电梯内，只要空间允许，服务人员应与宾客保持（　　）厘米左右的距离。

A. 20　　B. 15　　C. 30　　D. 10

2. 鞠躬礼在（　　）等国家应用十分广泛。

A. 日本、泰国、菲律宾、新加坡　　B. 印度、埃及、韩国、中国

C. 中国、日本、韩国、朝鲜　　D. 韩国、泰国、英国、中国

3. 服务人员对宾客讲话时，语音要清晰，吐字要标准；语速要适中，每分钟以（　　）个字为宜；语调要抑扬顿挫，给人带来舒适欢欣之感。

A. 80～100　　B. 40～60　　C. 100～120　　D. 30～50

4. 交往礼仪中有一个重要的“三A原则”，即（　　）。

A. 能够“Able”、接受“Accept”、重视“Attention”

B. 接受“Accept”、重视“Attention”、赞同“Agree”

C. 行动“Act”、重视“Attention”、赞同“Agree”

D. 赞同“Agree”、接受“Accept”、行动“Act”

5. 表情在人际交往的过程中起（　　）的作用，尤其是微笑的表情往往能带给人愉快之感。

A. 42%　　B. 20%　　C. 70%　　D. 10%

6. 歪头或头部下意识地从一侧斜向另一则是一种（　　）的信号，说明对对方的话有一定的兴趣。

A. 消极　　B. 伤感　　C. 生气　　D. 积极

7. 服务人员在工作中，宜与宾客保持恰当的社交距离或礼仪距离，合适的社交距离为（　　）厘米。

A. 300～400　　B. 150～300　　C. 100～200　　D. 400～500

8. 在交谈过程中，肢体语言对沟通效果起着（　　）的作用。

A. 主要　　B. 辅助　　C. 很少　　D. 一定

四、判断题

1. 服务人员在对客服务中，有时可以直接称呼宾客“你”或“你们”。（　　）

2. 服务人员在为他人做介绍时，应先把年轻的介绍给年长的。（　　）

3. 服务人员在为他人做介绍时，应先把职务高的介绍给职务低的。（　　）

4. 服务人员作为第三者介绍他人认识时，要先向双方打声招呼，让被介绍双方都有所准备。（　　）

5. 服务人员与人握手时，一般握 3～5 秒，如要表示真诚和热烈，可稍延长。（　）

6. 在饭店服务中，服务人员应主动与宾客握手。（　）

7. 握手时不要用左手相握，尤其是和阿拉伯人、印度人打交道时要牢记，因为在他们看来左手是不干净的。（　）

8. 鞠躬即弯身行礼，通常是晚辈对长辈、下级对上级、服务人员对宾客和朋友之间的见面礼节。（　）

9. 日本人喜欢左手送自己的名片，右手接对方的名片。（　）

10. 当电梯出现故障时，服务人员要冷静、镇定，想方设法与外界联络。（　）

五、简答题

1. 服务人员怎样才能在工作中做到称呼恰当？

2. 自我介绍的要点有哪些？

3. 介绍他人的要点及注意事项有哪些？

4. 服务人员与人握手时要注意哪些动作要领？

5. 服务人员行鞠躬礼时要注意哪些动作要领？

6. 递接名片时要注意哪些动作要领？

7. 服务人员与上级交往的礼貌礼仪要求有哪些？

8. 服务人员与下级交往的礼貌礼仪要求有哪些？

六、案例题

1. 有一位先生来到一家饭店的餐厅，对服务员说："小姐，您好，我要为我的一位外国朋友订一份生日蛋糕，可以吗?"服务员接过订单一看，忙说："对不起，请问您的朋友是小姐还是太太?"这位先生也不清楚这位外国朋友结婚没有，他为难地抓了抓后脑勺想想说："小姐？太太？一大把岁数了，应该是太太。"生日蛋糕做好后，服务员按地址到饭店客房送生日蛋糕，敲门后，一女子开门，服务员有礼貌地说："请问，您是怀特太太吗?"女子愣了愣，不高兴地说："错了!"服务员丈二和尚摸不着头脑，抬头看看门牌号，再回去打个电话问那先生，房间号码没错。服务员再次敲门，在门开后说道："没错，怀特太太，这是您的蛋糕"。那女子大声说："告诉你错了，这里只有怀特小姐，没有怀特太太。""啪"一声，门被大力关上。

问题：服务员错在哪里？应该如何处理？

2. 一次，某饭店的机场代表小汤接宾客回饭店。途中，一位外国宾客主动跟小汤闲聊，从闲聊中小汤得知宾客想回饭店拿点东西，然后再乘出租车到另一家饭店找一位朋友。下车后，小汤马上为宾客叫好出租车等待宾客下来。当宾客见到待命的出租车时，既感激又惊讶，因为他根本没有料到小汤会帮他叫好车等他下来，因此，他很高兴地连声向小汤道谢。两天后，宾客要离开饭店了，他特意去跟小汤道别："汤小姐，我今天要离开你们饭店了，非常感谢你，希望下次来的时候能再次见到你。"瞬时，小汤也惊讶了：自己只不过主动为宾客做了些力所能及的小事，宾客却记在心里。一阵喜悦和满足感使小汤露出了甜甜的笑容。从宾客的反应来看，自己用心服务，为宾客着想，得到了宾客的认同和肯定。因此，她觉得自己虽然很辛苦，压力也大，但是只要肯付出的话，就会有收获的。

问题：从这个案例中，你有哪些收获？

第五章　饭店接待服务部门礼仪

一、名词解释

1. 商务中心服务

2. 客房服务

3. 康乐服务

二、填空题

1. 饭店的接待服务礼仪贯串从宾客________到________的整个接待服务过程。

2. 前厅部服务礼仪主要包括____________服务、____________服务、____________服务和____________服务。

3. 门厅迎送服务主要由______和__________负责。

4. 门卫开车门时，要用左手拉开车门成____度角，用右手挡住车门的______，提醒宾客____________。

5. 行李员进客房之前均要________或________________通报。

6. 前厅接待人员在站立服务时，要求做到____________、____________、___________、____________，随时恭候宾客光临。

7. 当前厅接待人员工作繁忙时，要按先后顺序依次办理住宿手续，做到____________________。

8. 宾客来前台结账时，前台服务人员应______收回钥匙或房卡，并迅速通知______________。

9. ______________是饭店里“看不见的服务员”。

10. 商务中心是为宾客，特别是为________________提供_________________、________________、________________等服务的部门。

11. 话务员在接受宾客叫醒服务的请求后，要立即做好记录，准确核对______________

______和______________。

12. 宾客到达楼层时，服务人员要热情迎接，做到______________、______________、____________、________________，服务主动，给宾客以宾至如归的感觉。

13. 新入住客房的宾客进房坐下后，服务人员要做到________、________、________，让宾客产生亲切感。

14. 客房日常服务过程中，服务人员要坚持__________、__________、____________、__________的原则。

15. 服务人员每次进入房间，要先______，征得______同意后再进入。

16. 宾客离店时服务的礼貌礼仪，是客房礼貌服务的______和______。

17. 餐厅迎宾人员的站姿要求________、__________、精神饱满。

18. 如果是男女宾客一起进餐厅，服务人员要先问候__________，然后再问候______。

19. 宾客走近餐桌时，领台员应以________的动作，用______拉开座椅，招呼宾客就座。

20. 宾客入座后，餐厅服务员要先送______，后________，都要用________端送。

21. 值台员把菜单递给宾客时：对于夫妇，应先递给__________；如果是团体，先递给________。

22. 记录宾客点菜时，值台员应站在宾客的一侧，身体不能____________，手不能______________，应上身__________，精神集中地聆听。

23. 宾客点出的菜已无货供应，值台员应__________，并______________________。

24. 服务人员斟香槟酒或其他冰镇酒类时，要用______包好酒瓶，以免水滴落在宾客身上。

25. 斟酒的顺序是先斟给________，再按______方向绕桌斟酒，________的酒最后斟。

26. 分菜时，高级宴会按照先________、后________，再______和一般来宾的顺序逐次分派。

27. 服务人员值台时，应坚守岗位，站姿规范，不____________，不____________，不__________。

28. 游泳池服务员引领宾客到更衣室，要提醒宾客______________________________。

29. 游泳池服务员要加强巡视，特别注意________和________，以免发生事故。

30. 商品部服务人员迎接宾客要做到____________、____________和____________。

三、选择题

1. 门卫为宾客开启车门时，一般优先为（　　）开门。

A. 领导　　B. 女士　　C. 男士　　D. 老人

2. 行李员陪同宾客办理手续时，应侍立在宾客身后（　　）处等候。

A. 两三步　　B. 5 米　　C. 一步　　D. 任何地方

3. 话务员接到打进的电话，应主动先报出（　　），然后倾听来电内容。

A. 所在部门　　B. 自己的姓名　　C. 总机号码　　D. 饭店全称

4. 宾客预订的房间，要在宾客到达前（　　）小时整理好。

A. 半　　B. 一　　C. 两　　D. 三

5. 客房温度一般应保持在（　　）℃。

A. 22～24　　B. 20～22　　C. 25～26　　D. 18～20

6. 日常服务过程中，如果遇到个别宾客的失礼言行和过分举动，服务人员应（　　）。

A. 严厉斥责，奋力反抗　　B. 呼喊求救，逃离现场

C. 保持冷静，妥善处置　　D. 忍气吞声，不能声张

7. 餐厅服务员在服务顺序上应做到（　　）。

A. 先主人后主宾，先女宾后男宾　　B. 先主人后主宾，先男宾后女宾

C. 先主宾后主人，先男宾后女宾　　D. 先主宾后主人，先女宾后男宾

8. 当主人表示宾客各自点菜时，服务员应先从（　　）开始记录，并按（　　）方向依次接受宾客点菜。

A. 主宾　逆时针　B. 主人　逆时针　C. 主人　顺时针　D. 主宾　顺时针

四、判断题

1. 行李员引领宾客时，应走在宾客的右前方一二步处，随着宾客的步子徐徐前进。（　　）

2. 门卫开车门时，一般先开启右车门。（　　）

3. 宾客来到客房所在楼层，楼层服务人员应在客房门口迎接，主动向宾客问好。（　　）

4. 服务人员清扫房间时，可以随意进入客人的房间。（　　）

5. 宾客离店时，客房服务人员一般将宾客送到大门口，并欢迎宾客下次再来。（　　）

6. 客房服务人员如果发现客房物品缺少或设施有破坏，要打电话与总台联系，一般不直接与宾客交涉。（　　）

7. 宾客在餐厅坐好后，值台员把菜单递给宾客，菜单要从宾客的右边递上。（　　）

8. 服务人员为客人点菜时，应该站在客人的右侧。（　　）

9. 为了方便，斟酒时服务人员可站在同一位置为两位宾客同时斟酒。（　　）

10. 宾客在选择商品时，服务人员应悉心服务、多拿不厌、百挑不烦。（　　）

五、简答题

1. 门厅迎送服务的礼仪要求有哪些？

2. 饭店服务人员如何做好宾客离店时的服务工作？

3. 饭店的电话总机服务礼仪有哪些？

4. 宾客到店前，客房服务人员要做好哪些准备工作？

5. 宾客到达客房所在楼层后，服务人员如何礼貌迎宾？

6. 宾客入住后，服务人员要掌握哪些针对性的服务礼仪？

7. 宾客入住期间，服务人员要注意哪些服务礼仪？

8. 服务人员如何为宾客提供礼貌的点菜服务？

9. 保龄球服务人员有哪些礼仪？

10. 健身服务人员有哪些礼仪？

六、案例题

1. 小李是某星级饭店餐饮部的服务人员。一次，有三个宾客在饭店餐厅就餐，他们点了很多菜，其中一道菜叫“海参扒肘子”。当最后一道菜上来时，小李发现餐桌上已经没有足够的空间可以放下新的菜品了，于是她不假思索就把新上的菜放在了还剩一个肘子的“海参扒肘子”的餐盘上。其中一个宾客发现后，半开玩笑地跟小李说：“小姐，我们这道菜还没有吃完，你怎么就把菜放到上面了？”小李当天的心情正好不好，听到宾客说的话，更是不舒服，于是就顶了一句：“到这儿来吃饭，还在乎这么一个肘子吗？又不是没有钱。”本来开玩笑的一句话，经小李这么一说，宾客笑意全无。于是，两个人就争吵了起来。

宾客觉得面子上很过不去，于是向餐厅经理投诉，小李受到经理的批评，向宾客道歉。同时，餐厅只得又重新做了一盘“海参扒肘子”给宾客。

问题：出现以上事件，主要是谁的责任？反映出什么问题？

2. 一天上午，某公司在一家五星级饭店的多功能会议厅召开会议。其间，该公司职员李小姐来到饭店商务中心发传真，发完后李小姐要求借打一个电话给总公司，询问传真稿件是否清晰。

“这里没有外线电话。”商务中心的服务员说。

“没有外线电话，稿件怎么传真出去的呢？”李小姐不悦地反问。

服务员又说：“我们的外线电话不免费服务。”

“我已预付了 20 元传真费了。”李小姐生气地说。

服务员：“我收了你的传真费，并没有收你的电话费啊?! 更何况你的传真费也不够。”

李小姐说：“啊，还不够？到底你要收多少呢？开个收据我看看。”

“我们传真收费的标准是：市内 10 元/页；服务费 5 元；3 分钟通话费 2 元。您传真了两页应收 27 元。”服务员立即开具了传真和电话的收据。

李小姐问：“收费的依据是什么？”

“这是我们饭店的规定。”服务员出口便说。李小姐：“请您出示书面规定。”

“这不就是价目表嘛。”服务员不耐烦地回答说。李小姐：“你的态度怎么这样？”

“您的态度也不见得比我好呀。”服务员反唇相讥。

李小姐气得付完钱就走了。心想：五星级服务，难道就是这样的吗？

问题：服务员的做法对吗？应该如何改正？

第六章　国际交往礼仪

一、名词解释

1. 国际交往礼仪

2. 会见

3. 会谈

4. 宴请

二、填空题

1. 迎送规格主要依据______________和____________来确定。

2. 如果宾客乘坐的是轿车，当饭店迎送人员开车时，要遵循__________、__________、__________、__________的原则。

3. 宾客到达饭店后，服务人员要按照先______后______、先______后______的顺序进行欢迎问候。

4. 迎宾时，主人应走在客人______；送别客人时，主人应该走在客人______。

5. 接见和拜会后的回访，称______。

6. 会见可分为_______的会见、_______的会见、_______的会见，或兼而有之。

7. 会见时，来宾一般坐在主人的_______，翻译员、记录员安排坐在主人和主宾的______。

8. 会见厅内的光线和温度应根据__________和__________的要求而定。

9. 双边会谈通常用_____形、_____形或___形的桌子。

10. 会谈时，有些国家安排翻译员坐在_______，我国习惯将翻译员安排在主谈人的

________。

11. 如果会谈长桌一端朝向正门，则以入门方向为准，右边为________，左边为________________。

12. 当一国领导人访问他国，经双方商定达成共识，并发表联合公报，有时会举行________________。

13. 国际商务谈判协议的签字桌中间需悬挂________________。

14. 悬挂双方国旗时，按照国际惯例，以挂旗人为准，面对国旗左为____，右为____。

15. 常见的宴请形式有________、________、________和________________四种。

16. 宴会可分为________、____________、________和________。

17. 按照国际上的习惯，桌次的高低以离______位置的远近而定，____高____低。

18. 依据国际惯例，座席安排应男女穿插，以女主人为准，______在女主人右边，____________在男主人右边。

19. 宴会厅总的布置要求应该是____________、____________、____________、____________和____________。

20. 宴会服务中的“三了解”是了解宾客____________、了解宾客____________和了解宾客____________。

三、选择题

1. 饭店迎送人员在迎接远道而来的贵宾时，应提前（　　）分钟赶到机场、车站等接人地点。

A. 20　　B. 30　　C. 10　　D. 15

2. 重要客人或团队到达时，饭店要组织服务人员列队到（　　）欢迎。

A. 车站　　B. 楼层　　C. 机场　　D. 门口

3. 会见时，服务人员用茶杯上茶，杯把一律朝客人的（　　）一侧。

A. 右手　　B. 左手　　C. 中间　　D. 上面

4. 会见时，如果是一名服务人员给宾主递毛巾，顺序为（　　）。

A. 同时进行　　B. 主人先于外宾

C. 外宾先于主人　　D. 为最近的一位先递送

5. 会见厅的温度一般控制在夏季24～25℃，冬季（　　）℃为宜。

A. 18～20　　B. 20～22　　C. 23～24　　D. 24～25

6. 签字仪式进行时，服务人员要将倒好的香槟酒端入签字大厅，分别站在签字台两侧约（　　）米处，准备上酒。

A. 2　　B. 3　　C. 4　　D. 1

7. 茶会是一种日常的交际方式，时间一般不超过（　　）小时。

A. 1.5　　B. 2　　C. 3　　D. 3.5

8. 宴会上，为表示对主宾的尊重，主宾的座位应位于（　　）。

A. 主人的左侧　　B. 主人的右侧　　C. 主人的对面　　D. 面对门的位置

四、判断题

1. 如果是饭店迎送人员开车接宾客到饭店，则应该请宾客坐在前排、迎送人员的右侧。（　　）

2. 遇到宾客先上车，坐到了迎送人员的位置上，则迎送人员要主动挪动位置。（　　）

3. 旅行车以司机座后第一排即前排为尊，后排依次为小。（　　）

4. 送别规格应与接待规格不同，送别规格要低于接待规格。（　　）

5. 会见期间的续水一般为 30 分钟左右一次。（　　）

6. 会谈一般是礼节性的，缺少政治性或专业性。（　　）

7. 会谈桌面上的便笺纸要求摆放整齐，其下端一般距桌面的边沿约 5 厘米。（　　）

8. 车头需要挂国旗时，以汽车的行进方向为准，左为上，右为下。（　　）

9. 签字完毕，服务人员要迅速开启香槟酒，并倒入酒杯内约八分满。（　　）

10. 一般而言，以面对大门、背靠餐厅或礼堂的主题墙面的位置为正位，定位为主桌位。（　　）

11. 宴会的座次安排有严格的规定，主人和主宾的位置是不能调换的。（　　）

12. 宴会中，如果主人和主宾要发表讲话，一般是主人先讲话，然后是主宾讲话。（　　）

五、简答题

1. 饭店迎送宾客的礼仪包括哪些内容？

2. 会见的服务礼仪要求有哪些？

3. 会谈的服务礼仪要求有哪些？

4. 签字仪式的服务礼仪有哪些要求？

5. 宴请的桌次和座位安排应注意哪些问题？

六、案例题

某外贸公司的职员顾小姐待人热情，工作出色，因而颇受重用。一次，公司派她和几名同事一道前往东南亚某国洽谈业务。可处事稳重、举止大方的顾小姐，竟由于行为不慎，招惹了一场不大不小的麻烦。她和同事一抵达目的地，就受到东道主的热烈欢迎。在为他们特意举行的欢迎宴会上，主人亲自为这些来自中国的嘉宾每人都准备了一份礼物，以示敬意。轮到主人向顾小姐递送礼物之时，一直是“左撇子”的顾小姐不假思索，自然而然地抬起自己的左手去接。见此情景，主人神色骤变，非常不高兴地将礼物重重放在桌子上，随即理都不理顾小姐，扬长而去。

问题：顾小姐做法哪里有问题，应该如何避免？

第七章　我国主要客源国（地区）的习俗与礼仪

一、填空题

1. 亚洲国家绝大多数居民信奉________，其次是________________，也有一部分信奉____________。

2. 日本人大多信奉__________和__________，少数人信奉基督教和天主教。

3. 和日本人打招呼，要称呼他们的______________，只有家人和朋友才称呼______________。

4. 韩国人以信奉__________________为主，________________约占全国人口的三分之一。

5. 韩国的农历节日与我国近似，也有____________、____________、____________和____________等节日。

6. 华裔新加坡人一般信奉____________，印度血统的新加坡人多数信仰____________，马来血统和巴基斯坦血统的新加坡人多数信奉________________。

7. 新加坡人酷爱花草，______________是他们偏爱的花种。

8. 马来西亚人大多信奉______________，少部分人信奉佛教、基督教、天主教和印度教。______________为该国国教。

9. 除国庆节、元旦外，马来西亚的穆斯林要过两个重要的宗教节日，即____________和________________。

10. 台湾同胞在社交场合与客人见面时，一般都以__________为礼，台湾信奉佛教的人见面礼节为__________。

11. 港澳人主要信仰__________和__________，也有一部分人信仰天主教和基督新教。

12. 绝大部分英国人信奉____________，只有北爱尔兰地区的一部分居民信奉____________。

13. 大多数法国人信奉______________，少数信奉基督教和伊斯兰教。

14. 德国人忌吃______________，忌送____________花。

15. ____________人主要信仰东正教，这是该国的国教。

16. 俄罗斯人每年要过____________、洗礼节、____________、清明节和旧历年等。

17. 在美国，大约有30%的人信仰____________，20%左右的人信仰____________，其他人信仰东正教、犹太教或佛教等多种宗教。

18. 感恩节也叫______________节，在每年11月的第四个星期四举行。

19. 美国人忌讳用______________作图案的商品和包装，认为这种动物吸人血，是凶神的象征。

20. 加拿大人部分信仰天主教和______________。

21. 加拿大人通常行____________礼，讲究使用礼貌语言，注重必要的礼节。

22. 大多数澳大利亚人信奉______________教和______________教。

23. 埃及人绝大多数信奉____________教。

24. 埃及的主要节日有国庆节、____________、____________和古尔邦节。

25. 墨西哥人绝大多数信奉______________教，另有少部分新教徒。

二、选择题

1. 日本人与人见面时善行鞠躬礼，初次见面向对方鞠躬（　　），而不一定握手，只有见到朋友才握手，有时还拥抱。

A. 45°　　B. 90°　　C. 70°　　D. 180°

2. 给日本人送礼物忌送（　　），因为它的发音与“死”相近。

A. 扇子　　B. 玫瑰　　C. 梳子　　D. 筷子

3. 韩国人忌讳数字是（　　）和“13”。

A. 3　　B. 4　　C. 9　　D. 11

4. 新加坡把每年（　　）食品节定为全国法定节日。

A. 4 月 17 日　　B. 2 月 17 日　　C. 5 月 17 日　　D. 6 月 17 日

5. 新加坡人在社交场合与客人相见时，一般都惯行（　　）。

A. 鞠躬礼　　B. 点头礼　　C. 握手礼　　D. 吻手礼

6. 泰国人大多数笃信佛教，该国以（　　）为国教。

A. 小乘佛教　　B. 大乘佛教　　C. 黄衣教　　D. 白衣教

7. 港澳人向客人表达谢意时，往往用（　　）。

A. 点头礼　　B. 握手礼　　C. 吻手礼　　D. 叩指礼

8. 佛教是从（　　）传入日本的。

A. 印度　　B. 中国　　C. 埃及　　D. 罗马

9. 泰国境内遍布着千余座佛教寺庙，泰国男子成年后必须去寺庙至少当三个月的和尚，即使王公贵族也不例外。故泰国也有（　　）之称。

A. 佛教国　　B. 和尚国　　C. 黄衣国　　D. 白衣国

10. 英国人对数字除忌讳“13”外，还忌讳（　　）。

A. 7　　B. 4　　C. 9　　D. 3

11. （　　）女性早、午、晚的服饰都有变化。

A. 英国　　B. 美国　　C. 法国　　D. 意大利

12. 在（　　），除了传统的宗教节日外，举世闻名就是慕尼黑啤酒节。

A. 法国　　B. 德国　　C. 俄罗斯　　D. 美国

13. （　　）人绝大多数信奉天主教，首都罗马城内的梵蒂冈是世界罗马天主教的中心。

A. 俄罗斯　　B. 意大利　　C. 奥地利　　D. 德国

14. 俄罗斯人忌讳数字“13”，不喜欢“星期五”，视（　　）为吉利数字。

A. 7　　B. 8　　C. 9　　D. 10

15. 美国的国庆称“独立日”，在每年的 7 月（　　）日。

A. 2　　B. 4　　C. 6　　D. 8

16.（　　）是美国人最重视的节日。

A. 母亲节　　B. 复活节　　C. 感恩节　　D. 圣诞节

17. 美国人忌讳“13”和（　　）等。

A. 星期三　　B. 星期四　　C. 星期五　　D. 星期六

18.（　　）认为兔子是一种不吉祥的动物，人们看到它都会感到倒霉，因为这预示着厄运将要临头。

A. 加拿大人　　B. 澳大利亚人　　C. 新西兰人　　D. 英国人

19. 埃及人忌讳用（　　）传递东西或食物，他们认为它是肮脏、下贱之手。

A. 右手　　B. 左手　　C. 双手　　D. 一只手

20. 埃及人绝对禁食死物、动物血液和猪肉，也禁止使用（　　）制品。

A. 牛　　B. 羊　　C. 马　　D. 猪

21. 美国的（　　）是为纪念农学家莫尔顿的提议而设立的，故以这位科学家的生日 4 月 22 日为节日。

A. 父亲节　　B. 母亲节　　C. 植树节　　D. 狂欢节

22. 在意大利，如果要送一件礼物给朋友，千万不要送（　　），因为那象征着情人的离别。

A. 手帕　　B. 香水　　C. 雨伞　　D. 扇子

23.（　　）忌讳有人送给他们黄色的花和蓝色的花。他们认为黄色意味着死亡，蓝色花会给人带来晦气。

A. 阿拉伯人　　B. 墨西哥人　　C. 美国人　　D. 英国人

24. 加拿大人在宴席上，惯常用（　　）来安排座次。

A. 单数　　B. 双数　　C. 8 人　　D. 10 人

25. 在服务接待中，用一根火柴或打火机为美国人点烟时，切记不能连续点（　　）支烟，这样会引起他们的反感。

A. 二　　B. 三　　C. 四　　D. 五

26.（　　），特别是年长的人，喜欢别人称呼他们的世袭头衔或荣誉头衔，至少要用先生、夫人、阁下等称呼。

A. 美国人　　B. 德国人　　C. 法国人　　D. 英国人

27. 韩国人在赠送礼品时，经常选择鲜花、酒类和工艺品，最好是（　　）。

A. 日本货　　B. 中国货　　C. 韩国货　　D. 法国货

28. 新加坡人偏爱（　　），他们认为它艳丽夺目，对人有激励作用，他们还把它看成是庄严、热烈、刺激、兴奋、勇敢和宽宏的象征。

A. 红色　　B. 黄色　　C. 蓝色　　D. 绿色

29. 泰国人进寺庙烧香拜佛或参观时，必须衣冠整洁，而且还要脱下（　　）方可进庙。

A. 帽子　　B. 鞋子　　C. 外套　　D. 手套

30. 安排（　　）宾客的住房时，要注意他们喜欢住大房间并愿独住的特点。

A. 美国　　B. 英国　　C. 德国　　D. 法国

三、判断题

1. 在日本，男孩子节也叫雏祭，女孩子节是每年3月3日，又称端午节。（ ）

2. 日本人善于用礼貌用语，最常用的敬语有“拜托您了”“请多多关照”“打扰您了”等。（ ）

3. 日本人好饮酒，但以喝醉为耻。（ ）

4. 日本人忌讳3人一起“合影”。他们认为中间的人被左右两人夹着，这是不幸的预兆。（ ）

5. 日本人一般爱吃肥肉和猪内脏，也有人喜欢吃羊肉和鸭子。（ ）

6. 在韩国，晚辈对长辈、下级对上级的规矩严格，必须表示特别的尊重。（ ）

7. 韩国人忌讳数字是“3”和“13”。（ ）

8. 韩国人的民族自尊心很强，反对崇洋媚外，倡导使用国货。（ ）

9. 来华华裔新加坡人喜欢进佛寺烧香、跪拜并捐香火钱。（ ）

10. 新加坡把每年5月17日食品节定为全国法定节日。（ ）

11. 华裔新加坡人过春节时，有孩子守岁、大人祭神祭祖、赶庙会、举办灯会等风俗习惯。（ ）

12. 与新加坡人交谈时，可以谈论宗教和政治方面的话题。（ ）

13. 在新加坡，大年初一必须扫地。（ ）

14. 马来西亚人喜欢用酒来招待客人。（ ）

15. 马来西亚人认为左手是不干净的，不能用左手为别人传递东西。（ ）

16. 在泰国，若有尊者或年长者在座，其他人无论或蹲或跪，头部都不得超过尊者或年长者头部。（ ）

17. 泰国人最忌触摸头部，因为他们认为头是智慧的所在，是宝贵的。（ ）

18. 台湾民间一般都以蓝色为吉祥的象征。（ ）

19. 台湾人经常以扇子、手巾、雨伞、甜果、粽子和剪刀赠人。（ ）

20. 台湾同胞很喜欢数字“6”，有“六六顺”之说。（ ）

21. 港澳同胞非常重视中国的传统节日，如春节、清明节、端午节、中秋节和重阳节等。（ ）

22. 英国人不太注意服饰及打扮，他们不相信“外表决定一切”。（ ）

23. 英格兰人新年拜亲访友的礼物是煤块。（ ）

24. 英国人特别喜欢送百合花。（ ）

25. 英国人对数字除忌讳“13”外，还忌讳“3”。（ ）

26. 英国人忌讳用人像作商品装潢，爱用大象图案。（ ）

27. 法国人过年，家中的酒要全部喝完。（ ）

28. 与法国人初次见面，一般需要送礼。（ ）

29. 法国人见面都行接吻礼。（ ）

30. 法国香水举世闻名，他们特别喜欢送香水给其他的女人。（ ）

31. 法国人有一个普遍的忌讳是不能请人坐13号座位、住13号房间。（ ）

32. 德国人与亲朋好友、熟人见面，一般行握手礼，情侣或夫妻见面时则行拥抱礼、亲

吻礼。（　　）

33. 德国人在礼节方面不讲究形式，他们喜欢直呼别人名字。（　　）

34. 法国人认为黄色和红色是不吉利的颜色，认为黄色花象征不忠诚。（　　）

35. 德国人爱吃核桃，喜欢送玫瑰花。（　　）

36. 和德国人交谈，可以谈篮球、垒球和美式橄榄球运动。（　　）

37. 意大利的狂欢节在每年 2 月中旬进行。（　　）

38. 意大利人在除夕放鞭炮、摔瓶子和花盆等，热闹非凡。（　　）

39. 意大利人认为给客人面包和汽水是最殷勤的表示。（　　）

40. 称呼俄罗斯人要称其名和父名，不能只称其姓。（　　）

41. 俄罗斯人不重视文化教育，只喜欢艺术品和艺术欣赏。（　　）

42. 俄罗斯人普遍习惯洗蒸气浴。（　　）

43. 俄罗斯人与人相见，行拥抱礼并亲面颊。（　　）

44. 美国人与人相见时一般行握手礼。（　　）

45. 对于美国妇女，特别要存有男女有别的观念，要充分尊重她们的自尊心。（　　）

46. 现代的美国人平时不太讲究衣着，只有在正式的社交场合才讲究服饰打扮。（　　）

47. 美国人忌讳“14”和“星期五”等。他们认为“14”不吉利，会给人带来不幸。（　　）

48. 美国人普遍提倡人际交往送厚礼。（　　）

49. 加拿大人讲究实事求是，与他们交往不必过于自谦，不然会被误认为虚伪和无能。（　　）

50. 澳大利亚人见面时行握手礼，握手时非常热烈，彼此称呼名字，表示亲热。（　　）

51. 在澳大利亚，即使是很友好地向人眨眼，尤其是妇女，也会被认为是极不礼貌的行为。（　　）

52. 埃及人与宾朋相见或送别时，一般都习惯行握手礼、拥抱礼或亲吻礼。（　　）

53. 埃及人在吃饭时，一般都不与人随意交谈。（　　）

54. 埃及人忌讳黑色与白色。（　　）

55. 墨西哥人视公共场所出现“男子穿短裙，女子穿长裤”为有失体面。（　　）

四、简答题

1. 学习各个主要客源国的宗教信仰和习俗礼节对旅游服务接待工作有哪些重要意义？

2. 在服务接待工作中如何接待外国宾客，应注意些什么？

五、案例题

1. 某著名饭店迎来了一个日本商务考察团，这批宾客要在此饭店逗留一个星期。因为这批客人是初次入住该酒店，客房部陈经理亲自督促客房部所属该楼层领班小张一定要做好接待和准备工作。小张带领几名楼层服务员准备好了房间，还特地在每个房间摆上了荷花插花作品。考察团到达前一天，陈经理做例行检查工作时，却对房间的准备工作提出了严厉的批评。

问题：陈经理为什么会提出严厉批评？应该如何改善？

2. 某天晚上，实习生小王在某饭店西餐厅当班。当晚，有一个私人宴会在西餐厅举行。领班见人手紧张，安排小王与服务员小李共同服务这次宴会。宾客用餐完毕后，在休息间休息，其中有几位美国宾客要吸烟，小王正好看到，他连忙上前去拿出火柴为宾客点烟。小王点燃火柴，分别为第一位宾客、第二位宾客点燃香烟，可当他准备继续为第三位宾客点香烟时，这位宾客微皱眉头，起身离开座位，走向他处。宾客为什么离开座位呢？小王觉得很奇怪。

问题：请帮小王想一想宾客离开的原因。

第八章 宗教礼仪

一、填空题

1. 佛教徒中出家的男性称“比丘”，简称“僧”，俗称“________”；出家的女性称“比丘尼”，简称“尼”，俗称“________”。

2. ________是指僧尼行、站、坐、卧时应保持的威仪德相，即行如风、站如松、坐如钟、卧如弓。

3. 在世界三大宗教中，________创立最早，传入中国也最早。

4. ____________或称合掌，是指佛教徒之间或与他人见面时行的一种礼。合十时双手手心相对并拢，手指朝上，置于胸前，口中念道“______________”，以示敬意。

5. ________是向佛、菩萨或上座行的礼。行礼时双膝跪下，舒两掌过额头承空，头顶叩地，以示头触佛足，毕恭毕敬，可谓“五体投地”。

6. ________是指佛教徒到名山大寺去进香拜佛。________教徒进入寺庙时须脱鞋，进殿只朝拜“释迦牟尼”佛像；________教徒进入寺庙可不脱鞋，进殿除朝拜佛祖外，还要朝拜弥勒佛、观世音，以及三世十方众佛和菩萨。

7. 佛诞节又称__________________，是纪念佛教创始人释迦牟尼诞生的节日。

8. 成道节是纪念释迦牟尼________的节日。

9. 涅槃节是纪念释迦牟尼________的节日。

10. 洗礼是________教的入教仪式，洗礼的方式有两种：________礼和浸水礼。

11. 礼拜是基督教信徒们在教堂中进行的一项包括唱诗、读经、________、讲道和祝福的宗教活动，通常在每周日举行，即“______________”。

12. 祈祷有________和________两种形式。个人单独进行的为________；在礼拜、聚会时由神职人员主颂的为________。

13. ________即领唱或合唱赞颂、祈求、感谢上帝的赞美诗。

14. 告解俗称____________，这是信徒单独向神职人员表白自己的过错或罪恶，并有意悔改的宗教仪式。

15. 终傅是基督徒临终前请神职人员为其敷擦“________”用以赦免其一生罪过的宗教仪式。

16. __________是纪念耶稣诞辰的节日。由于历法不同，大多数教会定于每年的 12 月 25 日为圣诞节，____________则定为每年的 1 月 6 日或 7 日。这是西方国家每年最隆重的节日。

17. ______________是纪念耶稣复活的节日。

18. 信仰伊斯兰教的人被称为“______________”，意为顺从者、和平者。

19. ________________是世界伊斯兰教徒最重大的节日，又称“宰牲节”。

20. 圣纪节定在伊斯兰教历 3 月 12 日。这天是________________的诞生日，为了纪念他而规定此日为圣纪。

21. ____________是我国土生土长的宗教，开始于公元 2 世纪，距今已有 1800 多年的历史，它的教义与中华本土文化紧密相连。

22. 出家的道士，一般应尊称“____________”，道士又称“黄冠”或“羽客”，女道士一般尊称“____________”或“女冠”。

23. ____________之间交往时，双手擎拳胸前，以拱手作揖为礼，向对方问好致敬。

24. 道教的三元节中，____________称元宵节，为每年农历的一月十五日；__________为每年的七月十五日，是中国最大的鬼节；____________为每年农历的十月十五日，是为人解厄的水官诞辰日。

二、选择题

1. (　　) 是向佛、菩萨或上座行的礼。

A. 合十　　B. 顶礼　　C. 鞠躬　　D. 朝山

2. (　　) 是世界上信徒最多、分布最广的宗教，是世界第一大宗教。

A. 佛教　　B. 基督教　　C. 伊斯兰教　　D. 道教

3. 公元 325 年，基督教会规定每年春分月圆后的第一个星期天为 (　　)。

A. 圣诞节　　B. 圣灵降临节　　C. 复活节　　D. 成道节

4. 伊斯兰教对宗教职业者和具有伊斯兰专业知识者，通称为 (　　)。

A. 哈吉　　B. 乡老　　C. 多斯提　　D. 阿訇

5. 下列选项中，(　　) 属于伊斯兰教节日。

A. 古尔邦节　　B. 圣诞节　　C. 佛诞节　　D. 三元节

6. 在道教宫观中，道众在斋堂吃饭，叫作 (　　)。

A. 过斋堂　　B. 斋醮　　C. 诵经　　D. 开斋节

7. (　　) 是道教固定的节日。

A. 世界佛陀日　　B. 五旬节　　C. 五腊日　　D. 圣纪节

三、判断题

1. 道教信徒饭前要念“供养经”，饭后念“结斋经”，吃饭时不准讲话，碗筷不要有响动。(　　)

2. 对教会神职人员，可按其教职称为某主教、某牧师、某神父、某长老等，以示尊敬；与教会神职人员相对，普通信徒之间可称平信徒。(　　)

3. 基督教规定，教徒每周六及圣诞节前夕，只食素菜和鱼类，不食其他肉类。(　　)

4. 伊斯兰教信徒称“穆斯林”，无论在什么地方，信徒之间不分职位高低，都互称兄弟，或叫“多斯提”。(　　)

5. 伊斯兰教规定在公开场合，男女穆斯林必须穿着不露羞体的衣服，女性必须戴面纱和盖头。(　　)

6. 东正教通常施浸水礼，由主礼者口诵规定的经文，引领受洗者上半身浸入水中片刻。(　　)

7. 五腊日是道教固定的节日，正月一日天腊，三月五日地腊，七月七日道德腊，十月一日民岁腊，十二月八日王侯腊。 （　　）

8. 佛教徒有不饮酒的戒律，因为酒会乱性，不利于修行，故严格禁止。 （　　）

9. 开斋节这天穆斯林要沐浴更衣，男人涌向清真寺，妇女在家做礼拜，然后探亲访友，举行庆祝活动。 （　　）

10. 基督教会规定，每年复活节后第40天为圣灵降临节，又称四旬节。 （　　）

11. 应邀到基督教徒家中作客，送给女主人礼物的数目忌是“13”，日期忌在“星期四”。 （　　）

12. 基督教徒结婚可在教堂举行，并由牧师或神父主持婚礼仪式。主礼人诵念规定的祈祷经文，宣布他们为合法夫妻，并向新婚夫妇祝福。 （　　）

13. 穆斯林死后实行“土葬、速葬、薄葬”。 （　　）

14. 出家的道士在日常饮食中禁食鱼、羊、荤腥及辛辣、刺激的食物。 （　　）

15. 伊斯兰教禁止近亲与血亲之间的通婚，但是可以与宗教信仰不同者通婚。 （　　）

四、简答题

1. 佛教的禁忌有哪些？

2. 道教的禁忌有哪些？

3. 基督教有哪些禁忌？

五、案例题

1. 刘艳红同学利用暑假时间参加了去泰国的旅行团。她跟随团队一起在泰国玩得十分开心，特别是受到了当地居民的热情接待，让她感受到了泰国人的友好与热情。只是有一件事让她费解，那就是在一个旅游点碰到几个活泼可爱的泰国小孩时，她特别喜欢其中一个女孩，告别时她摸了摸孩子的头，并笑着与她说再见，可是当时旁边的大人们怒斥着说些什么，并带走小孩。

问题：刘艳红同学错在哪里呢？

2. 一个中国商务考察团在阿联酋考察结束的时候，在下榻的饭店酬谢当地华人社团，临别时开怀痛饮，一醉方休，一行人到机场后，在安检的关口全部被扣留，直到下一个航班到来才放行，造成回国计划推延。

问题：为什么会出现这样尴尬的一幕呢？

全国中等职业技术学校饭店服务专业

饭店管理基础知识（第三版）
菜肴基础知识及营养卫生（第四版）
饭店服务礼仪（第三版）
前厅服务（第三版）
客房服务（第四版）
餐厅服务（第四版）
形体训练（第四版）
中国旅游地理（第四版）
康乐服务（第三版）
饭店服务心理（第四版）
调酒技术（第三版）

饭店管理基础知识习题册
菜肴基础知识及营养卫生习题册
饭店服务礼仪习题册
前厅服务习题册
客房服务习题册
餐厅服务习题册
中国旅游地理习题册
饭店服务心理习题册

策划编辑／王鸿飞
责任编辑／谢　亮
责任校对／洪　娟
责任设计／崔俊峰

ISBN 978-7-5167-2691-4

定价：6.00元

国家级职业教育规划教材
人力资源和社会保障部职业能力建设司推荐

全国中等职业技术学校汽车类专业教材

汽车电气设备（第二版）
习题册

中国劳动社会保障出版社